TÓPICOS PARA COLÓQUIOS ÍNTIMOS

Tópicos para colóquios íntimos

SIDNEI XAVIER DOS SANTOS

Poemas

Ilustrações Gisela Motta

1ª edição, São Paulo, 2022

LARANJA ● ORIGINAL

Não amo quem, junto à plena cratera vinho bebendo,
de discórdias e da guerra lacrimosa fala,
mas quem, os esplêndidos dons das Musas e de Afrodite
misturando, se recorda da amável alegria.

(Fragmento 2, Anacreonte de Teos, c. 550 a.C.,
trad. de Giuliana Ragusa)

Prefácio

Encontros

Cristiane Rodrigues de Souza

No livro de Sidnei Xavier dos Santos, o título já prepara o leitor para o movimento de encontro que percorre o livro, em que, entre uma e outra coisa, na junção metafórica de aspectos distintos, se constrói a poesia. O som repetido que liga os vocábulos "tópicos" e "colóquios" enfatiza a semelhança entre os dois, já que são palavras normalmente usadas em ambientes acadêmicos ou profissionais, momentos em que costuma ter lugar a racionalidade. No entanto, os temas e as conversas que surgem são, no livro, destinados ao âmbito do íntimo, ao diálogo amoroso, à procura do mais sutil. Assim, na obra, há o conhecimento racional, que transparece muitas vezes nos versos do poeta erudito, com formação acadêmica na área de Letras, saber que está presente também no domínio da técnica poética, percebida no cuidado com a forma, como se vê na escolha das rimas, na construção do ritmo e no corte preciso. Mas há também, num encontro, ao lado do pensamento intelectual e da fatura, a apreensão sutil da matéria de poesia que, para se configurar em poema, em nenhum momento, deixa o lugar do lírico.

O título do livro nos remete ainda a poema de Paul Verlaine – "Colloque sentimental" –, retomado por Mário de Andrade, em *Pauliceia desvairada*. Se o modernista brasileiro transforma o diálogo amoroso do poeta francês em denúncia explícita, desmascarando o preconceito de classes efetuada de um representante da elite paulistana, Sidnei, no livro, aponta as tensões do mundo, no tom íntimo da conversação. Comparando os dois poetas, percebemos que o engajamento de Mário de Andrade, no poema "Ode ao burguês", por exemplo, aparece na obra do escritor contemporâneo, não em versos para serem gritados, mas no tom do diálogo com o poeta modernista, já que, apesar do desencanto da época pós-vanguardas, resiste o desejo de luta – "ainda faremos odes".

querido Mário,
lamento te dizer
que não é mais possível
meditar sobre o Tietê [...]

mas não se aborreça, Mário
que ainda faremos odes
aos que algarismam amanhãs
que odeiam de giolhos

está mais suja a cidade
mas isso não é o pior
pior é a gordura que entope
os cérebros dos homens-nádegas.

Além da convivência entre o racional e o lirismo, há outros encontros no livro, marcado pelo movimento do diálogo. O título de cada uma das seis partes do volume, na referência a tópicos distintos, compõe-se como mote de conversação, por meio do qual se inicia o colóquio íntimo com o leitor. Além disso, a conversa é marcada ainda por outros encontros, como os que se estabelecem entre o eu lírico e a tradição grega, entre a voz poética e a biografia do outro e do eu, do poeta com a morte, nos encontros das artes – música, artes plásticas, cinema, poesia –, na conversa amorosa, assim como em comentários introdutórios de possíveis palestras, numa espera da continuidade do diálogo com o outro:

Tópico 1 Leituras gregas
Tópico 2 Ensaios de biografia
Tópico 3 Debates com a morte
Tópico 4 Relatórios de controle
Tópico 5 Bilhetes amorosos
Tópico 6 Comentários introdutórios

No movimento do encontro, o livro se compõe por meio de muitos pontos altos. No diálogo entre a tradição grega e o prosaico, na primeira parte, por exemplo, chama a atenção o poema que faz referência ao poeta e guerreiro grego Arquíloco, figura que aparece em contraponto aos escritores de hoje que, distantes do ideal épico, são soldados-poetas ébrios que se escoram uns aos outros, esperando a morte. Já em "penso o poema agora para o dia seguinte, pois são 23 horas", o encontro é entre o ideal clássico e a impossibilidade de sua existência na época contemporânea, em que existe apenas um lampejo órfico sobre a poltrona e o ideal que boceja. No entanto, nesse poema, sob os sentidos das palavras, estão pés gregos organizados nos versos longos, de forma alternada, em alguns momentos, marcando, talvez como desejo, a manutenção do clássico, por meio da retomada de seu ritmo, unindo, assim, a escrita que se quer despretensiosa ao tom solene dos versos. Em outro poema dessa parte, entre o ideal da escrita e a invocação do mito, o poeta busca a poesia com ares épicos, enquanto cuida das dores da vida, não explicitadas totalmente, mas latentes no não dito: a mãe acamada entre antúrios secos e gatos. Nele, o herói de hoje, um pouco esquecido dos fatos (como das chaves), equilibra-se entre a vida e a poesia.

Outros encontros se dão no livro. Na segunda parte – "Ensaios de biografia" –, por exemplo, no encontro da poesia com a narrativa, a história da vida de nomes importantes não perde o ímpeto lírico, já que a poesia se sustenta no ritmo bem construído. Com base na estrutura bem cuidada, humaniza-se a nossos olhos, por exemplo, Machado de Assis, no fim da vida, sem a sua Carolina, em poemas que tematizam a falta e a solidão.

Em "Tópico 4 – Relatórios de controle", há o encontro das artes, principalmente poesia e artes plásticas. Ali, o poeta desenha com palavras o púbis da mulher, buscando a perfeição naturalista, provando depois, na "pele macia dos figos", a semelhança com o corpo feminino. Da mesma forma, traça a imagem de Leônidas, jogador de futebol, quando chuta o céu, partindo-o, ao meio. O voo é plasmado nos versos, principalmente na parte "rumo ao azul sem linhas, ao campo/ sem rastro, como o fio de uma espada/ partindo o céu ao meio sem sangrá-lo/ sob a imbatível força da gravidade", em que o período longo, num crescendo de imagens que custam a serem finalizadas, dá ideia de ascensão. No poema "Do modo de habitar", a construção plástica da imagem guarda o movimento que é dado por meio das rimas toantes: partindo da presença enfática de vogais "a", nos versos iniciais, cuja sonoridade aberta invoca lugares altos – "habitar casas/ com escadas" –, depois da escalada, o movimento de descer, num decrescendo, é construído pela substituição das vogais abertas pelo "e" – "que aí o descê-las/ é só o descanso/ do deleite".

Já o encontro amoroso, presente em vários poemas do livro, intensifica-se na parte "Tópico 5 – Bilhetes amorosos", em que por meio dos sentidos, principalmente do olhar, busca-se a beleza e o outro. Nessa parte o tema do amor já se mistura ao tema da escrita, movimento metalinguístico que se intensifica em "Tópico 6 – Comentários introdutórios". Na última parte, momento em que a reflexão metalinguística se deixa ver por meio do encontro entre erotismo e poesia, os poemas fecham o livro abrindo-o, no entanto, ao recomeço do diálogo, já que se deseja a volta ao início, na interrupção do fim – "não chegar ao fim do livro/ deixá-lo aberto na escrivaninha/ ou marcado na prateleira/ e todo dia voltar a ele/ abri-lo de novo no início".

O erotismo que percorre os versos já está sinalizado na epígrafe do livro, um fragmento de Anacreonte de Teos. O trecho, além de fazer referência ao erotismo, valorizado na produção do poeta grego, faz lembrar ainda os simpósios da Grécia antiga, em que se discutiam questões políticas e de guerra, lugares frequentados por Anacreonte que se constituíam como espaço de encontro entre representantes da aristocracia, marcado por vinho, jogos e poesia. A mistura de questões do mundo a questões do eu, indicadas na epígrafe, marca o livro de Sidnei, em que aparecem misturadas, já que se escolhe falar da realidade, por meio do diálogo íntimo, podendo assim o poeta, como lembra Adorno, ao se aproximar do mais particular, falar do mais universal.

O erotismo e o amor percorrem o livro, mostrando-se, em muitos momentos, como base de uma definição de poesia, como no poema "o poeta contrata uma musa". Nele, ao misturar o prosaico com a imagem da musa grega, o poeta afirma que "o belo está na ausência/ e da falta nasce o poema". Ausência e falta regem a poesia, mas também o amor, como aparece em um dos discursos de *O banquete*, de Platão, já que é da falta da metade perdida do andrógino que nasce o desejo. Dessa forma, em *Tópicos para colóquios íntimos*, o movimento erótico de enlace entre diferentes, em seus vários aspectos, se aproxima de uma definição de poesia, na medida em que o poema se constitui como entrega do eu ao mundo, seguida da volta à subjetividade.

O livro se abre, portanto, como convite ao leitor para a conversa lírica e para o encontro amoroso com a poesia, num colóquio que, no lugar de apenas buscar objetividade e certezas, leva, no movimento cíclico de quem evita o ponto final, aos lampejos dúbios do amor e do pensamento poético, que guardam, no entanto, questões da sociedade de hoje, retomadas pelo olhar íntimo do eu. Aceitá-lo é, mais do que tudo, embarcar numa jornada, não do herói patético nas areias da ilha grega, mas na viagem que se compõe por meio da falta e pelo desejo.

Tópico 1 LEITURAS GREGAS

a poesia grega teve início
na objeção engenhosa de Calipso
contra a parcialidade despótica dos deuses
e não no suspiro patético de Odisseu
na areia da praia paradisíaca

a poesia nasce do desejo interrompido

Arquíloco escreve
que com a lança
na qual se apoiava
alcançava a taça
de vinho

que dava bons tragos
antes da guerra
e empunhava o escudo
sem temor

já nós, modernos,
com os braços
entrelaçados
encharcávamos de vinho
os nossos lábios
como os feridos
perdem o sangue
em combate

escorados
um ao outro
como soldados
a aguardar que a alma
desça ao Hades
brindávamos
que jamais seríamos
repasto de aves.

Tirteu coxeava por Esparta
incitando os jovens para a guerra
embora fosse ele feio e de parco
sucesso entre as mulheres
diziam que era persuasivo
e que seus poemas, não sei
se nos temas ou nos dactílicos
lembravam Homero

talvez tivesse alguns marqueteiros
que o municiavam com as preferências
do público grego

nada que fosse novo, a velha história
de morrer no campo de batalha
honrar e glorificar a pátria

muito bonito naquele tempo.

penso o poema agora para o dia seguinte, pois são 23 horas.
pra que o poema em hora extrema, com todos dormindo?
que mão engenheira se põe ao trabalho se o ideal boceja?
há poesia se espicho o meu lampejo órfico sobre a poltrona?

larguemos a rima e deitemos na cama com o nosso ronco.
se a manhã entrar com as mãos rosadas o dia seguinte
– e cumprimentarmos Homero pela distinta visita –
o poema virá com o pão e o café trazendo arremates

das estrelas. Os versos se ajeitam à folha com soberba.

quando meus filhos ficarem
adultos e independentes
eu vou virar caiçara
e morar em Ubatuba
vou tecer redes de arrasto
e escrever poemas na areia
como Odisseu devia ter feito
nas praias desertas de Ogígia
em vez de perder sete anos
lançando conchinhas nas ondas

imagine se em vez de peixes
tivesse esfoliado os versos
na areia grega da ninfa:
hoje os dactílicos seriam pedra
e teríamos maior conhecimento
da culinária arcaica mediterrânea.

ela era mais linda quando lia Homero.
os versos belicosos da *Ilíada*
brilhavam nos lábios sem batom
com as traduções em alexandrinos

o amor é grego sem *make-up*
ela dizia, o que eu, apenas latinista,
não atinava decerto com o sentido

hoje estou quase certo
que minha barbárie
abasteceu o irremissível desenlace

mas quando Aquiles atravessa Heitor
com sua lança e a alma desce ao Hades
e o corpo perfurado pelos gregos
é arrastado pelo carro do Pelida

e a dor se espraia na muralha
e a viúva surge, Andrômaca,
e vai ao chão desfalecida,
a leitora ficava mais linda

o verso épico reverberava
no nosso pequeno recinto
e por um momento minúsculo
eu invejava não ser o filho de Príamo.

OBITUÁRIO

no dedo o lápis
por um lapso
quebrou-se.

quedou-se morto
o rapsodo.

moldei em argila
o seu corpo helênico
brincando de zeus
feliz com o jogo
desenhando o seio
e dando volume
a tantas partes

você era generosa

e não era erótico
meu toque suave
no barro
parecia a manhã
do domingo
com os jornais sobre a cama
e o desafio que tínhamos
de ler algo otimista

por fim não fiz a cabeça
não sei se aguentaria
seus olhos em minha mesa
um braço quebrou
e assim deixei
sem braço e sem cabeça
como uma deusa grega

começou criticando a mãe
lastimou a conversa do taxista
na manhã da segunda-feira
gritou ao semáforo por sua demora
a sua insistência no vermelho
reclamou do sapato que lhe apertava
delatou o patrão que lhe obrigava
a informar o preço do produto
conforme a vestimenta do cliente
pleiteou a anuência de todos
para a canalhice do professor
que lhe examinara as pernas na cena
das naus na *Ilíada* enquanto estalava
na língua o ritmo dos hexâmetros
lembrou aflita o empréstimo vencido
e partiu batendo os saltos para a biblioteca

lembro que o perfume permaneceu
alguns segundos antes da brisa
varrê-lo em direção às árvores
o céu era azul, pleno, estático

O POETA ÉPICO

levava o leite à mãezinha
enferma e acamada
antes de pensar os ritmos

regava os antúrios secos
para pensar em que cena
os covardes morreriam

entre os gatos no banheiro
esboçava os poemas épicos
como brilham os vagalumes

chegara aos duzentos versos
e o herói já atingira
a esquina de sua casa

de onde retornaria
por ter esquecido as chaves
e não ter trocado a areia

nojenta dos gatos

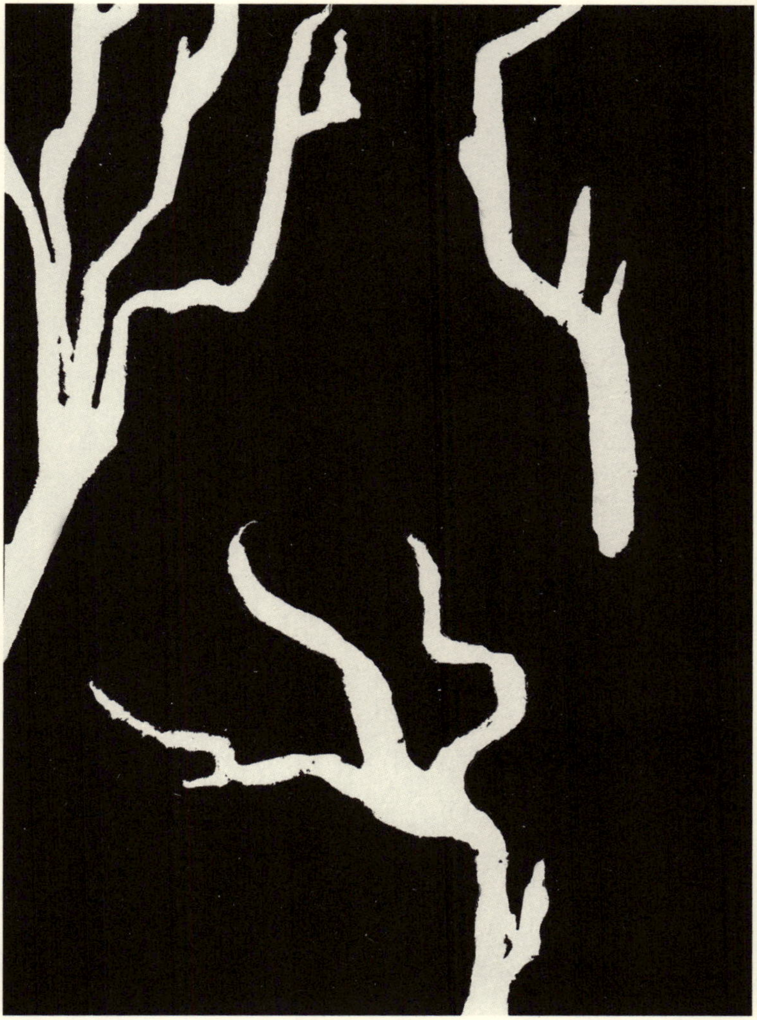

Tópico 2 ENSAIOS DE BIOGRAFIA

se ivo colhesse as uvas
ao invés de só tê-las visto
teria sido mais ledo
se embriagado de vinho
brindado ao pé das viúvas
os versos venais que ousara
fazer a purpúreas vulvas.

Machado viveu com Carolina
trinta e cinco anos
e nunca tiveram filhos
temos umas cartas de amor
alguns depoimentos de amigos
nada muito revelador
ela era cinco anos mais velha
a mulher branca de um homem
mulato
afrodescendente
negro
depende do ponto de vista
filho de uma açoriana branca
de nome Maria Leopoldina
(mas não a Imperatriz)
que chegara provavelmente
dentro de um navio negreiro
apesar de ser branca
e que o deixara órfão
com apenas dez anos
vítima de tuberculose
e o pai, Francisco, pintor,
batizado na igreja do Rosário
e de São Benedito
que, como sabemos,
igrejas de pretos
que se casou com a branca pobre
Maria Leopoldina
(mas não a Imperatriz)
o que seu filho repetiu
com a portuguesa Carolina

não menos branca que a sogra
mas bem menos pobre, é certo
sabemos pouco, no entanto
da consequência disso
dela ser branca, mas ele
ter a cor da pele escura
os irmãos dela não queriam
mas ela se casou assim mesmo
ela era mais culta que ele
mas também que escola havia
no Morro do Livramento?
um ou outro diz
que ele teve um caso
em algum ponto da vida
talvez quando escrevera
as *Memórias póstumas*
nada muito claro
nem definitivo
sabemos que ela morreu
com setenta anos
e ele suspirava a perda
quase todo dia
e que escreveu um soneto
para ela, Carolina.
e quase todo o restante,
além disso, desconhecemos.
ele ficou sozinho
os últimos quatro anos
após trinta e cinco
que viveu com ela.
publicou livros

presidiu a Academia
frequentou jantares
chiques de ministros.
mas voltava para casa
e ela estava vazia
e se deitava na cama
e ela estava vazia
sem o boa noite
de Carolina.
no quarto escuro
e sozinho
nos lençóis brancos
Machado de Assis
dormia
até o dia
de juntar-se a ela
no cemitério
de São João Batista.

Machado de Assis na praça
teve um ataque epiléptico
mas outros que ali andavam
prontamente o acudiram
se bem a foto não seja clara
e o homem esteja de costas
afirmam que é mesmo Machado
que passou mal no cais Pharoux
em janeiro de 1907

talvez possa ser outro homem
entre outros tantos de bigode
embora não se ignore
que uma dúzia de curiosos
olhavam o enfermo com pena
e outros olhavam o fotógrafo
não era na rua do Cosme
como sabemos, e sua Carolina
há bom tempo estava morta
ou estaria ali com ele

penso que àquela hora
à beira do cais às mulheres
não fosse comum caminhar
afinal só vejo homens
que o amparam como podem
segurando sua cabeça
e abanando-o com um leque
ou lá o que seja

é bem possível, no entanto
que embora estivesse grato

com o socorro prestado
e agradecesse a todos
certamente envergonhado
o olhar, suponho, confuso
que sustentava Machado,
vislumbrasse Carolina
de olhos nem tanto oblíquos
nem sequer dissimulados
em suas memórias vivas.

em *Tempos Modernos*
Carlitos levanta a bandeira
à frente de trabalhadores
sem emprego

a polícia aparece
bate em todos
e prende o vagabundo
que os liderava
saindo do bueiro

há quem diga
que a bandeira
era vermelha
como devem ser
as bandeiras
de advertência

mas o filme
em preto e branco
nada afirma
apenas vemos
uma cena comum
de violência.

aos 15 anos Van Gogh
empacotava livros na Holanda
ele era bom no que fazia
e até foi mandado a Londres
como recompensa
mas lá logo foi demitido

então virou pastor de almas
e pregou a palavra de Deus
a camponeses e mineradores
mas acharam que ele
não era bom nisso
e o demitiram

aí Van Gogh resolveu pintar
em Paris os pintores brotavam do chão
mas ele não conseguia vender seus quadros
porque os achavam feios
pois afinal
ele não era muito bom nisso
e se transferiu

dessa vez ele não foi demitido
porque não tinha patrão
foi sozinho para o interior
onde havia muito sol
e seu irmão Theo
lhe enviava dinheiro

Vincent bebeu o que pôde
da luz dos beirais

da que escorria das paredes
da que entupia os bueiros
da que vestia os campos
amarelos de Arles
e fez caber tudo
dentro de seus quadros
nisso ele era bom
e até vendeu
por francos razoáveis
antes de morrer
e após cortar a orelha
O Vinhedo Vermelho.

Edgar Allan Poe
queria escrever.
o padrasto porém
achou que era coisa
de vagabundo.
então não o sustentou.
o rapaz saiu pela América.
e Poe se preparou para ser
o maior escritor da América.
(não nos incomodemos
de ter de ler América
é assim que eles dizem
por lá, paciência!)
mas a América não estava preparada
para Edgar Allan Poe.
ele não queria trabalhar.
ele queria escrever.
o que não é a mesma coisa
como todos sabem.

mas se a esposa não tivesse morrido.
se ele não a amasse tanto.
se ela não tivesse 13 anos.
se ele não bebesse tanto.
e se não tivesse descido do trem
em Baltimore
em dia de eleição.

por isso ele só podia escrever.
o que não é um trabalho

como todos sabem
e paga
uma miséria.

escrever
contra o tédio
do eterno
é zombar
do ridículo
do efêmero

epígrafe
riscada
por Brás Cubas
ainda no prelo.

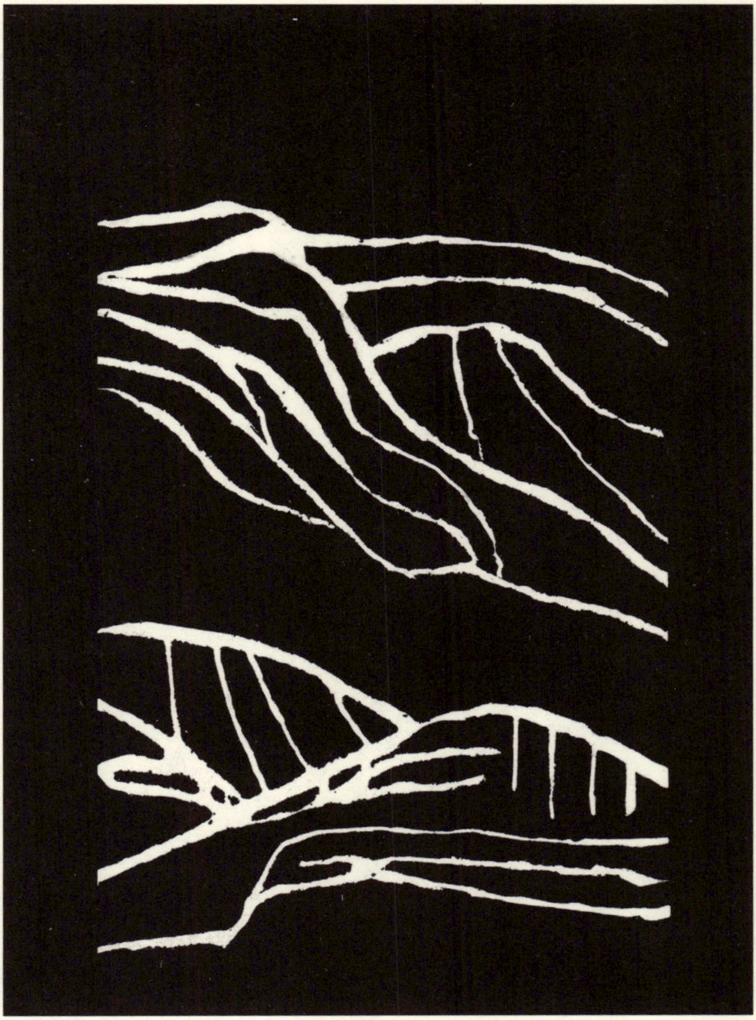

Tópico 3 DEBATES COM A MORTE

O IMORTAL

Sócrates morreu com um trago de cicuta
sem oferecer o que devia aos deuses

até na morte foi blasfemo

mas antes discorreu sobre a alma
e aprendeu umas músicas

os presentes riram entre lágrimas

estava tão certo da infinitude
que nem se despediu da esposa

por discordar de que aquela fosse
a última conversa com os amigos.

agradeço ao corpo
por ter chorado
de fome e sede
por ter despertado
e alongado o músculo
para o dia intenso
ter-me elevado
acima das pedras
para pular os lagos
agradeço ter desviado
do soco e do oponente
e chutado a bola
no fundo da rede
ter caminhado horas
por Roma, São Paulo
galgado ruínas gregas
por ter corrido dos cães
montado em cavalos
acariciado peixes
servido de pouso às aves
ter recolhido as flores
escalado as árvores
agradeço por ter lido
e ouvido, visto e falado
ter transpirado às noites
velado nas cachoeiras
por ter abraçado a dor
e, ao corpo agradeço
por ter o teu fronteiriço
nas manhãs de desavenças

quando bater-me à porta
a hora de dar o corpo
à mudez da matéria
e o seu retorno soar
na música das esferas
tua pele quente abrirá
meus olhos para as estrelas
e o teu coração batendo
prorrogará em meu limbo
os minutos da existência.

já faz curva nossa vida
entre sofismas: o amor dormiu!
o sol desbota os azulejos
e à noite conjecturo
sobre suas pernas
a escuridão nos deixa ásperos
e verte ao seio minha utopia
os beijos secam sem que os velem
os banhos nus, as devoções
sem picardia viram conceitos
entre as mãos que seguram pesadelos

diria alguém, cultivam tédios

no entanto, a tarde nos encontra
na varanda envaidecidos
no canto a boca arquiva os versos
excessivos que usamos
nas esquinas e nas praças

há ritmos à farta
para burlar o infinito.

DA EDIÇÃO CORRIGIDA

voltar linha acima
para apagar o erro
na edição corrigida
e ao fazê-lo
ver que inda antes
não serve o argumento
e aí retirá-lo
para que a ideia
caminhe sem peso

mas logo à frente notar
a falta de senso
do exemplo
a que ali remetia

era só ênfase?

então apagar
as oito folhas de texto
insones sobre seu leito

o que era manuscrito
forjar um palimpsesto
ao nome que é renitente
vazá-lo com estilete

do que restar será feita
nova edição reduzida

sem rastro de biografia
perfeita esteticamente

daí é só deixar
crescer a rama daninha
do tempo.

não podemos contra eles.
só lutamos porque é o único
ato que concebemos.
combatemos com palavras
na esperança de ferirmos
o oponente.
nosso arsenal de ritmos
e sílabas
avança contra as hostes
do inimigo.
embora sucumbamos
embora os corpos virem repasto
para os abutres,
eles jamais
dormirão de novo
sem ouvir
em seus pesadelos
o toque renitente
e erosivo
de nossos poemas.

JUÍZO FINAL

os homens de terno primeiro.
depois, a fila de herdeiros.
atrás, perfilem os demais.
assim dispôs o Pastor
conforme subia o clamor
dos bilhões de mortais.
a ordem divina não erra.
do fundo notava o poeta
o tom condoído dos ais
que vinha dos homens da frente.
mas se eram *tutti buona gente*
por que não calavam em paz?

o meu amigo morreu para provar-me
que não há eternos
foi apenas argumento
para encerrar a conversa
pois sempre falávamos em teorias
em nossos raros encontros
que grifavam a madrugada
citando Nietzsche e as novelas
e sua paixão por Dona Beija
enquanto sua namorada
ou o seu namorado
riam de nossas ênfases
e de nossos paradoxos
pois quase nunca bebíamos
só por isso ele morreu
para convencer-me
sem ter de fato me ouvido
que eu já havia concordado
que já estava de acordo
                    completamente.

a minha amiga morreu
por distração
provavelmente
estava rindo
quando a Morte chegou
e nem reparou
que a Libitina entrava
com sua mala de cadáveres

tenho certeza
que tomaram uma cerveja
e minha amiga sorria
da vestimenta da outra
um tanto antiquada

mas honestamente bem acho
que a Morte se arrependeu
ou depois se deu conta
da besteira que fez.

o primeiro de meus primos se foi
sem aviso
sem dizer a ninguém que ia
apenas foi
como era seu jeito
de ir

sem dizer nada
tragando o cigarro
e indo

certo também
não levou muito
e deixou pouco
no fundo tudo
só atrapalha
quando vamos

é melhor ir leve
sem mochilas
não pedirão documentos
nem abrirão as malas

apenas passamos
para onde queremos

que sigamos então
só com uma luz acesa.

em um mundo normal
é proibido morrer
sem ter sido feliz
em algum momento
mesmo que se morra triste

a alegria nos prepara a morte
como a tristeza a anuncia

mas é na felicidade que morremos

o teu segundo final e infinito
é coberto de sorrisos
o teu mundo de gozos
se voluntaria para a despedida
e quando vamos em definitivo
sorrimos de deleite na saída

enquanto os outros choram
gargalhamos na subida
(pois sempre subimos)
como uma nuvem galhofeira

se normal fosse o mundo.

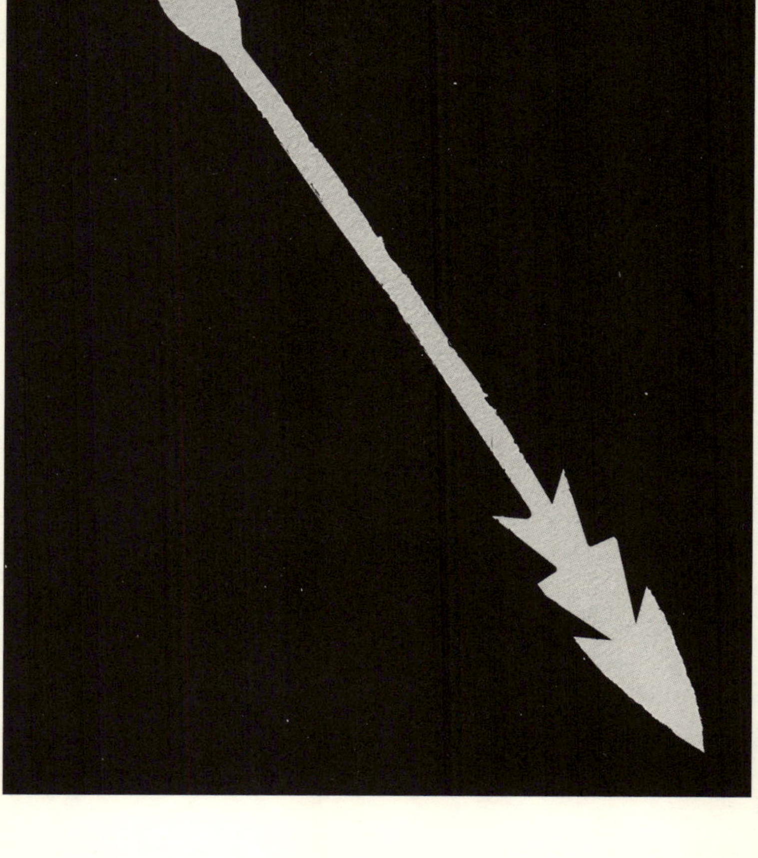

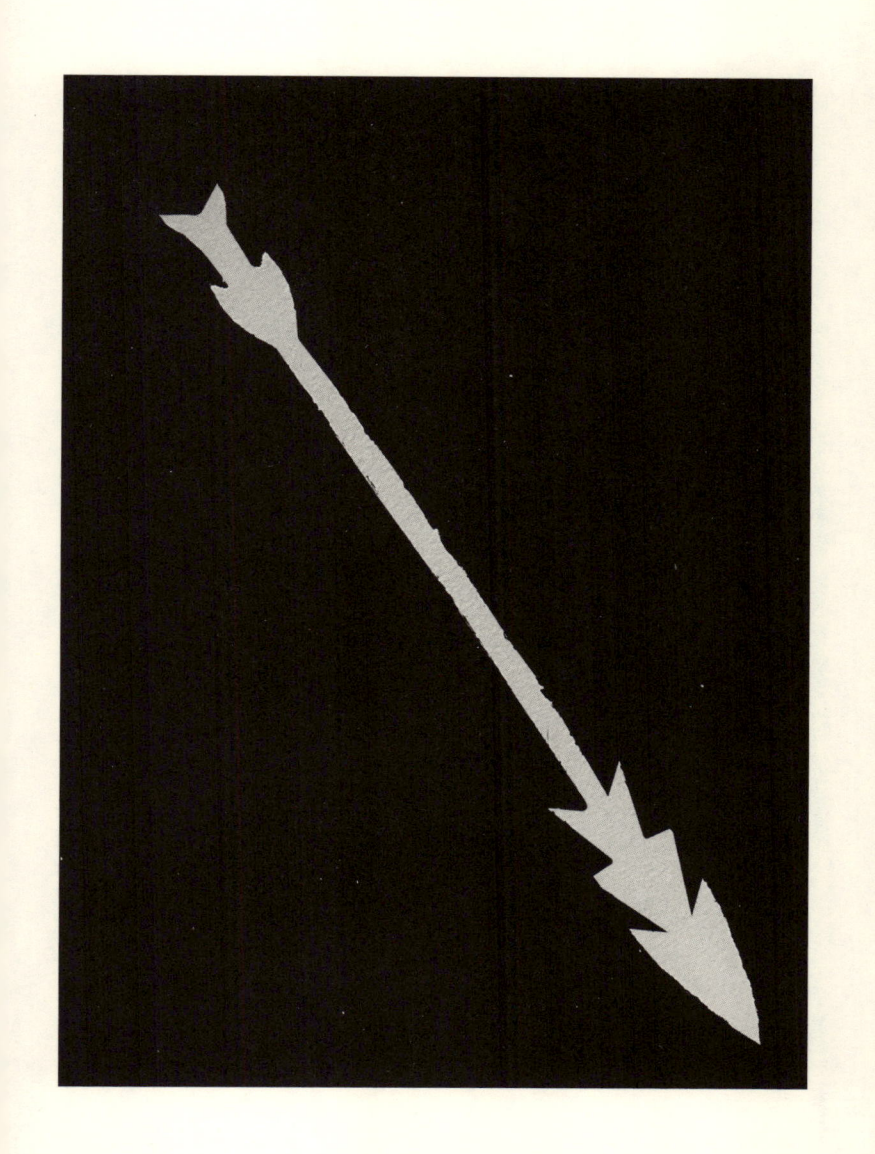

Tópico 4 RELATÓRIOS DE CONTROLE

eu quis desenhar seu púbis
com o mesmo detalhismo
com que Spix e Martius
e Johann Moritz Rugendas
ilustraram a flora e fauna
brasileiras, não somente
pelo perfeccionismo
pela ilusão de espelho
mas pelo amor devoto
que tinham à natureza

você reclamou bastante
da pose que era incômoda
porque o ângulo o eixo
a relação entre os volumes
porque lhe doía o corpo
porque não era uma planta
e nem eu naturalista

o esboço não corresponde
ao púbis que você tinha
ainda que a luz o equilibre
é semelhante a uma fruta
sem o cheiro e sem o sumo

enquanto janto sozinho
reparo o desenho na copa
ao lado dos de Arcimboldo
e penso no desperdício
no lugar vago na mesa
e na fome do planeta

mas como não se assemelham
o seu púbis e o desenho
até que como tranquilo
sem sentimento de culpa
ou leve rancor de despeito
enquanto abro com os dedos
a pele macia dos figos.

amarre o mundo em sacolas
separe o que vai ao lixo
talvez reciclem o seu descarte
talvez validem os seus dejetos

ignore o que não retorna
algum destino lhe foi dado
talvez o empilhem no mato
talvez o enterrem ou queimem

em qualquer caso, suponha
acabado, o mundo que rejeitou
não tinha enfim utilidade

se ainda algo permanece, conclua
em reduzir o que tem sido elaborado

ou fazer direito para não jogar fora.

a voz que vai ao céu
não tem o alcance
de um tiro de pedra

mas quando retorna
traz consigo o peso
da atmosfera.

ela queria cantar
ali mesmo
*sulla Passeggiata
delle Mura*
o trecho que contara
de *Madame Butterfly*

a bicicleta alugada
por algumas liras
(vejam como faz tempo)
largou-a no parapeito
da muralha

a terra era de Puccini
portanto, quem se importava
por mais, o céu era azul
e propício o clima agradável
e a ária rematava a imagem

acho que baixei os olhos
mais surpreso que encabulado
e os fechei quando as notas
chapiscaram aquela tarde

gli uccellini, eu pensava,
mas me faltavam palavras
em italiano como agora
em português elas negam
o prazer que eu degustava.

no bar em que desci
às quatro da manhã
para comprar o teu cigarro
todos me observaram
com curiosidade
mulheres e homens
outras possibilidades
os copos e garrafas

seguiram-me
com os olhos risonhos
até chegar ao carro
cambaleante
pois apostavam
em meu fracasso

é porque não
te conheciam
não sabiam
o quanto teus olhos
me alicerçavam.

LEÔNIDAS

porque o pé lançou-se para as nuvens
como se fosse um pássaro esgotado de terra
e do fruto partido ao chão tivesse lavrado
sua semente de voo flamejante
rumo ao azul sem linhas, ao campo
sem rastro, como o fio de uma espada
partindo o céu ao meio sem sangrá-lo
sob a imbatível força da gravidade.

DO MODO DE HABITAR

habitar casas
com escadas

vê-las do chão
da sala
como escarpas

escalá-las
porque tolhem
o horizonte

não por levarem
a outro
pavimento

que aí o descê-las
é só o descanso
do deleite.

ALEGRIA

como a rede:
entre ganchos
firmes
balança
no abismo

como o dia:
entre rubros
traços
azula
o infinito

como o olhar:
pedras
no fundo
do lago
cristalino.

A ARTISTA

ela cosia vaginas
com pregos e alfinetes
após largar a pintura.

o hímen era uma lâmina.

-áspero veludo da vida-

queria que a cor ali parisse
lancinante, púrpura.

A BOTÂNICA

teu olhar é lento
    denso
derrama-se nas coisas
como um rumor de ossos
ouvido no silêncio
do quarto

a ciência de viver
de entrar na vida
    no coração
      da vida
como uma planta
um rumor de planta.

seu grito
(a flor)
é só beleza.

O AGENTE

ao chefe da operação
disse que nunca tinha lido
sequer um único capítulo
ou prólogo, colofão, lombada
um verso, aforismo ou epígrafe.
acho que desconfiou um pouco
do que eu lhe havia dito
pois não perguntou o sentido
das palavras que desconhecia
quando lhe apontei a porta
de saída e mirou as prateleiras
atrás dos retratos de família
onde viu os marca-livros
nas três edições de Dante
traduzidas e bilíngues
e anotadas em grafite
nos trechos significativos.

o ódio vive nas formas incorretas
quando os homens com suas bulas
imperfeitas e seus cães rosnando
condenam seus poetas para a forca.
sangue em ondas se espalha pelas ruas
de Florença, nos confessa Dante,
sem que os versos mais sonoros
enxuguem com beleza nossas lágrimas.
o teu nome riscarão com ácido
à entrada de um anódino escritório,
pois lá dentro o austero funcionário
lê sem óculos o horóscopo do dia
enquanto assina a queima completa
de sua poesia e a multa para os poucos
e eventuais comentaristas.

compartilhei a foto de meus pés sobre a grama do parque
ainda público em um domingo de sol quando as crianças
tomavam sorvete de creme e eu as olhava de perto sorrindo
ao modo de se sujarem e limparem as mãos com a língua.
logo os *likes* apareceram, familiares e amigos, dos quais
poucas notícias tenho nesses anos todos em que nos afastamos
porque cada um se aproximou de novas pessoas das quais
também se afastaram como eu nesse dia ensolarado no qual
me esparramo na relva e leio os comentários gentis e desejos
de revermos uns aos outros embora saibamos que não será
possível pois nossas vidas se afastaram e agora estão distantes
demais para estarmos juntos novamente que é o que passa
em meus olhos ao ver meus filhos sorrindo para o jeito que
eu me sujava com o mato e as formigas que subiam-me a mão
em direção aos ombros curvados e ao úmido dos olhos que
não compartilhei naquele dia porque afastei-me do aparelho.

o menino disse que iria me bater
assim que acabasse a aula
ia me esperar na saída da escola
com o seu irmão
para me socar
tirar sangue do meu nariz
me chamar de coisas
que prefiro não dizer aqui

quando a aula acabou eu pensava
se ele estava no portão
ou na esquina
aguardando que eu passasse
para me bater
na frente de todos

sempre tenha um amigo na vida

consegui uma bicicleta
e passei berrando pelo portão
que saíssem da frente
ele e o irmão me viram
e correram
não atrás de mim
mas por um terreno que cortava caminho
até a outra esquina

eu sabia disso
e acelerei
bufava
suava

conseguia ver os dois
em diagonal
se aproximando
com as caras de sangue

após a esquina a rua
ia em descida
se eu caísse ali
nem imagino
o que seria

cheguei à esquina derrapando
o chão era de areia
com a mão de um deles
me puxando a camisa
do uniforme
sedento
selvagem

a ladeira abaixo
o ser que inventou a roda
e a gravidade
foram os objetos
de minha prece
aquela noite
no meu sono heroico
e indignado
que questionava
sobre as razões
da imbecilidade
dos homens.

A FÁBULA DE NÉSSUS, SEGUNDO VON MARTIUS

a varíola foi extinta em 1970
após extensa
e global campanha de vacinação

Anchieta nos informa
30 mil mortos
na Bahia
em 1562
todos índios
e escravos africanos
atacados de varíola

Von Martius relata
que os colonos europeus
largavam nas matas
suas camisas
e outras peças de vestuário
infectadas
como butim de guerra
aos indígenas

Saint-Hilaire, passando
pelo Rio Grande do Sul
diz que a vacina
contra a varíola
era negada aos índios
e que as índias
vingativas

transmitiam aos soldados
doenças de Vênus
e eram mais perigosas
que "uma negra ou branca"

os europeus trouxeram varíola, sarampo
peste negra, gripe, tuberculose

as índias, estupradas, lhes deram a sífilis

os botocudos (xokleng)
do Vale do Itajaí
tiveram gripe, bronquite, pneumonia
sarampo, malária, coqueluche
gripe espanhola

os cadáveres serviam de pasto
aos cachorros

tiveram tétano e verminose
gonorreia ou blenorragia

em 1933
eram 106 sobreviventes

o Cacique Kaingang
foi a Porto Alegre
em busca de auxílio
para sua tribo
e recebeu
do governo da província

os uniformes dos soldados
falecidos de varíola

o que fecha a fábula
mas não a história.

Fonte: Almeida, Carina; Nötzold, Ana. *O impacto da colonização e imigração no Brasil meridional: contágios, doenças e ecologia humana dos povos indígenas.*

EPIFANIA

em dia sem redes
assista *Pina*
de Win Wenders
com comentários
elucidativos
de sua filha
de 4 anos.

querido Mário,
lamento te dizer
que não é mais possível
meditar sobre o Tietê

a tua casa está de pé
mas pouca gente a frequenta
o mesmo com a do Guilherme
que está fechada há um ano

as tuas partes enterradas
foram todas exumadas
e levadas ao depósito
por ordem da prefeitura

desvario é uma palavra
que os munícipes de agora
consideram perigosa
e em decretos a censuram

mas não se aborreça, Mário
que ainda faremos odes
aos que algarismam amanhãs
que odeiam de giolhos

está mais suja a cidade
mas isso não é o pior
pior é a gordura que entope
os cérebros dos homens-nádegas.

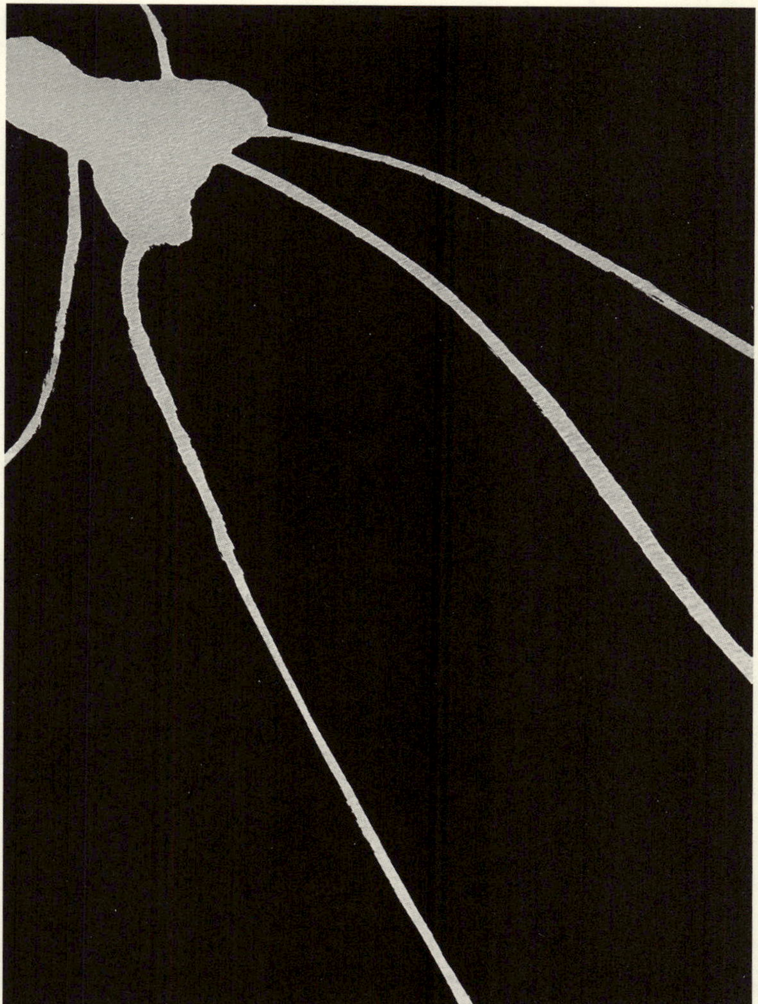

Tópico 5 BILHETES AMOROSOS

antes da tua boca
o que eu era?
do teu cheiro
da tua mão
o quê?
da pele
pelos
que era?
do teu gosto
em mim
o que de mim?
que era antes
de tua voz
soar-me
na medula?
que eu
era
anterior
a teu ser?

que é
o meu a.C.?
meu pré-
ser?
momento
ante
o tempo,
que foi?
só o nada,
repasto de pó,
suspiro de

incandescência.

e ora,
que a ti
me ajoelho
contrito,
post scriptum,
que queima
tua sílaba
em meu leito,
e o teu verbete
gira
ao redor
do meu dia,
que eu
me escrevo?
que me projeto
em ti?
que gleba
do teu mundo
concederás a mim?
que tu erigirei
para o meu eu
faminto de existir?

ela perdeu o seu amor porque ele foi
atrás de outra que não ela porque ela
não era mais a que ele desejava a sua
amada para sempre – se é assim que ele
sentia nem sei bem – mas assim ela chorou
porque era ele o seu amado para sempre
é o que queria até ali ou era só até então
que nele vira o seu eterno namorado
– talvez fosse o seu desejo – porque um dia
vemos mesmo que a vida planejada
tenha anos pela frente com alguém
que nos entenda ou que apenas acompanhe
nossos dias solitários e por isso sempre
há jeito de achar que amor chegou definitivo
mas era engano e ela logo (um ano eu acho)
viu que outro poderia ocupar o mesmo posto
– não que fosse imprescindível – mas alguém
com quem falar com quem amar e com quem
rir talvez nem mais que o outro ou mais de fato
ou menos ou mais aquilo e menos isso sua medida
é o que importa ou antes o que conta é ver o ciclo
de amar trilhar o seu caminho no infinito.

amar-te-ei como ao dia em que o zíper
de tua calça abri aos 8 graus centígrados
com os dedos trêmulos porque amar
eu penso seja sentir esse frio intenso
ao relento para se acomodar ao meio
com as tuas unhas a pinçar as veias da
minha cabeça e arrancar-me os cabelos.

eu lhe faria o verso, mas a preguiça
de ir agora à escrivaninha e ler
uns poemas antes de imaginar
como o seu seria, sem emular
a Emily Dickinson ou a Hilda
Hilst e sem me ver forçado
a ser original e estranho
como você me espera,
me leva a querer fingir
que sou Hamlet e louco
dizer não amo, no entanto
jamais lhe pensar Ofélia
com flores no lago boiando
pois sei que não faz seu tipo,
confesso, o meu devaneio é para
esperar que o arquivo abra
enquanto escolho que rima
invento para seu nome longo
e ferozmente cotidiano.

como se tivesse à mão
uma edição de Whitman
a de 55
e adiasse a abertura
acariciando a capa de folhas
e seu alto-relevo
o dourado das letras
e a lombada desenhada
traço a traço
sem nome do autor
em lugar algum

sentiria o cheiro
antes de abrir
e se os olhos
– os olhos azuis –
da bibliotecária
não vigiassem
passaria a língua

e então
sem luvas
cuidadoso
abriria o livro
sorriria a Whitman
com seu chapéu inclinado
a mão esquerda no bolso
a direita em punho sobre a cintura
o olhar provocativo
como se perguntasse
o que espera achar aqui?

assim é que penso abrir
o teu vestido de flores
sobre o gramado da casa
e ler as tuas páginas
como as que li de Whitman
com água corrente nos olhos
e o sabor de folhas frescas.

só a vergonha dignifica é o meu lema
toda vez que a lembro na frente de todos
desfiar sonoro o meu nome após uma série
polida de adjetivos e a minha reação estúpida
de pasmo sem tê-la enlaçado ou externado
o quanto me lisonjeara, as mãos de espanto
no peito até descobri-la novamente
passado já tudo, já todos dispersos, já ela
em novos conceitos e eu tê-la beijado, ou sido,
mais certo, com o tempero do tempo, preciso,
com o estrondo da flor que anos levou a brotar
e agora é beleza uma vez e não mais a será,
que hoje, passados, confesso, três séculos,
tenho úmido aos lábios seu gosto de eterna.

INQUÉRITO DA RIMA

a rima é uma serpente perigosa
que se enrosca ao poema com seu guizo
para iludir e corromper o sentido
como agora acaba de fazê-lo, quando
o assunto é desviado para o canto
porque constrange ou põe nas cordas
o argumento sem esquivas, como o
ministro que empunha seu escudo
de retórica para obstar perguntas
importunas, é este o nível a que elevo
a rima, como o veneno que você
me deu no dia em que arrematou
o seu olhar com rímel e me prostrou
agônico no verso decassílabo.

ÚLTIMO BEIJO

o cheiro
na tua boca

de remota
felicidade

SEPARAR-SE

guardar o grito
na caixa e fechá-la

deixá-la ao lado
da cama ou à vista

abri-la apenas no dia
em que habitá-la o silêncio

repor esse grito ao peito
e aguçar o ouvido

se algo soar ainda
ignore o seu penoso

bom-senso e grite.

EFEMÉRIDE

eu não irei
a tua festa
apague a vela
reparta o bolo
alegre o teu riso
entre os amigos
- virão outros –
é o que desejam!
tantas velas
serão sopradas
em tua vida

assim será

e ainda que
eu não esteja
verei teus olhos
amiudados
e os ombros
encolhidos
sabemos que
a felicidade
te acalenta

não serei eu
– é o que há –
que farei isso
pois afinal

ninguém faz isso
pelo outro
mas apenas
por si mesmo

o que de fato
desejamos
– e esse é o meu
desalento –
é estar dentro
do teu espasmo
de júbilo
do teu furor
de contentamento.

por mais que tente
que pense
em meus preconceitos
que racionalize
e examine
objetivamente

não consigo amar
quem levanta cedo
se ajeita para o dia
e larga o café
esfriando na mesa

meu exercício diário era preencher com palavras
de incerteza cada intervalo que havia em seu modo
de dizer as frases com pausas como se aguardasse
os significados que vinham de algum lugar obscuro
dos seus cabelos longos ou de seus olhos talássicos
até chegar ao palato que lhes dava um sabor insólito
pelo seu sotaque, não era ainda versado nas novas
correntes linguísticas nem sequer eu percebera
que as notas sincopadas de sua fala já marcavam
a rota de meus lábios em sua inacessível direção.

SALTO

que do alto possas ver
na curvatura do horizonte
– o azul que pesa aos cantos –
a linha oblíqua de meus ombros
que mais que a chuva de teu pouso
espera o orvalho de teu descanso

NARIZ

meu nariz cresce
avermelha
incha
se expande
sua ponta
quer distância
da rósea maçã
do rosto
meu nariz
se autonomiza
se afasta
da prisão
do corpo
vai à frente
pois sabe
da cegueira
do peito
do receio
das mãos
meu nariz
ítalo heleno
quer chegar
ao teu cheiro
farejar
pelos becos
pelos anos
de esquecimento
o teu perfume

teu rastro de noite
tua existência.

ENCONTRO
(a partir de um tema de Mário Faustino)

imagine
uma cena erótica

se for difícil
pule para outro poema

mas se consegue
ver os corpos
orvalhados

e as flores ao redor
ressecarem
porque a água
lhes roubamos

então, meu bem,
nesse momento
nos encontramos.

PERGUNTA AO POEMA AMOROSO

por que escrever um poema de amor
que suspire enquanto ecoo na rima
seus olhos secos na tarde, seu riso
espartano no instante em que ambos
transpiramos mãos e ombros como
se o chão borbulhasse sua lava
em reação ao nosso sôfrego beijo
e impedisse o acesso que erigimos
um ao outro, como de fato ocorreu
com nossos passos, e por isso ora
entalho no poema esta pergunta
do por que fazê-lo se lá fora o mundo
esboroa em nossas bocas atônitas
que calarão no peito palavras doces
por ver que Amor nos trai com a finitude
e que nos abandona quando odiamos?

EPÍGRAFE FUTURA

o amor não tem sentido
nem produz conhecimento
no entanto é vivo, resistente
a que o cale o verbo
e o defina o conceito.

leia apenas que nessa primeira estrofe
é sofrimento

agora pensa que o que acima vai descrito
é simulacro
palavra que uso para não haver rima

que faço o papel
de frustrado

porque ela, é óbvio
não está presente

ou seja, primeiro hipérboles
e metonímias (o pé
que não me pisa)

depois metáforas

eufemismos para o malogro

e para lembrá-la
a fusão de todos os sentidos.

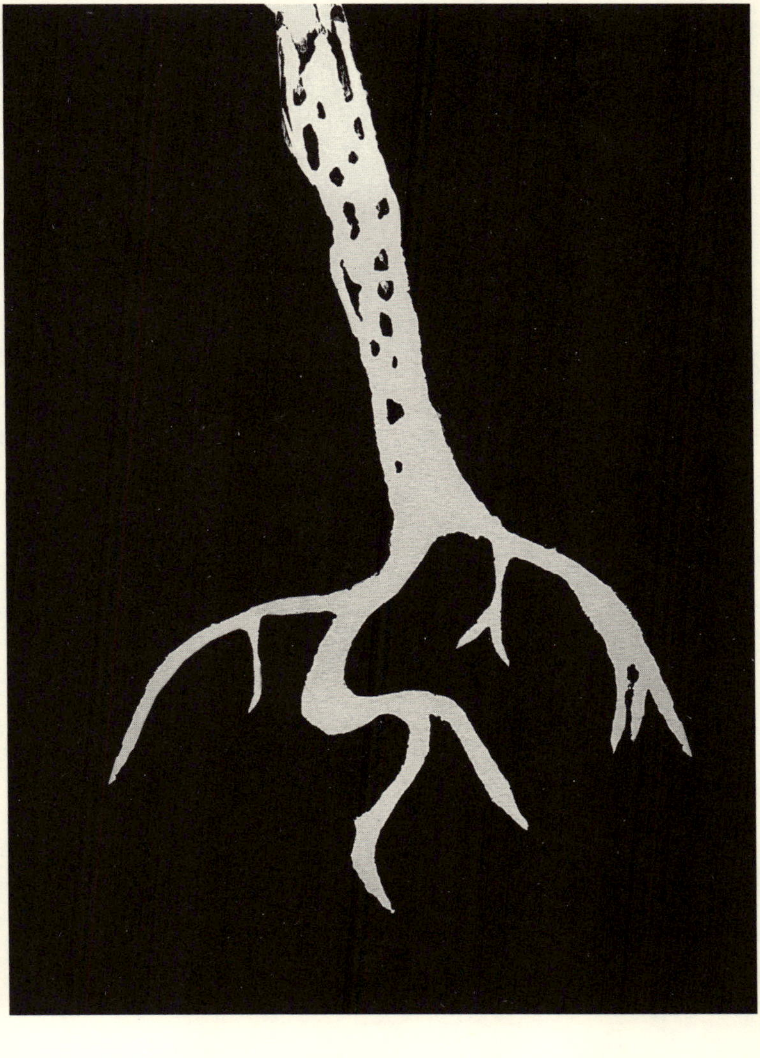

Tópico 6 COMENTÁRIOS INTRODUTÓRIOS

como um verso que cavalga
o outro e impõe seu ritmo
no dorso alheio achando
que rege a métrica
do poema
que seja você a rima
que dá cor à melodia
e meneio à monotonia
dissimulada e maliciosa
da minha cúpida poesia.

tem dia que o verso me vem barroco
escapa como um bicho, faz volutas
e quando eu termino exausto o poema
me surpreendo da estranha assimetria.

no dia seguinte respiro e compenso
dando ao verso uma clara geometria
o processo todo é simples, o barroco
vem de minhas incertezas e o harmônico

do tédio de um mundo sem poesia.

queria escrever um poema
como se pingasse um veneno
em sua orelha, não um que mata
como um irmão que usurpa o trono
mas um que entrasse no seu ouvido
como um fonema de língua estranha
que embora nova, significasse
que tudo que não decifro é desejável.

busco o poema perfeito
o único e derradeiro
o verso santo e Graal
que liberte o cavaleiro
poema que consumado
purifique meu pecado
de te versar no poema
manco e abrutalhado
o poema que procuro
aquele que após ser lido
exala o aroma matutino
do teu cabelo molhado
e o som grave do riso
das repetidas tolices
que de manhã te servia
como se agora o poema
na minha mesa esticasse
os dedos para tocar-me
os lábios e fechá-los
porque o poema que busco
quer encontrar teu silêncio

poeta contrata uma musa
para inspirar o poema
garante carteira assinada
décimo-terceiro, férias
e porcentagem nos lucros
se os livros venderem bem
as que tiverem interesse
não mandem fotos ou *links*
apenas se autodescrevam
em duas linhas no máximo
não se preocupem se é pouco
a escassez de predicados
não elimina a candidata
as de bem pouco atrativo
as que pareçam prosaicas
e magras de metáforas
comprazem mais o poeta
o belo está na ausência
e da falta nasce o poema

escrevo o poema a grafite
e se ao relê-lo não presta
o apagar é um exercício
é bom ser poeta saudável
com um bíceps razoável
e belo a algumas mulheres
que não ser lido ou citado
e viver com tendinite
mofando em salas de espera
entre revistas de caça e pesca.

ó letras,
mais tremidas
que perfeitas,
ainda
no rio corrente
vos verei
claras,
consistentes?
mesmo
enrugadas,
mas ardentes?
o cheiro
afogado
na memória
ter-vos-ei
à frente?
num repente
ante meu riso
diminuto
cantareis
nos dentes?

ou tereis
no fim
enrodilhado
ao meu pescoço
o inclemente
aperto
do esquecimento?

quando fizer o poema a ela
porque você quis ou por amor
porque se insere na tradição
porque veio o verso e havia ritmo
lembre-se apenas que é artifício
talvez receba um beijo dela ou seu
desprezo, talvez publique numa revista
e leia três ou quatro encômios
ou censuras mascaradas de elogio
mas saiba que a métrica grega, as assonâncias
o modo como a mostra em metonímias
as aliterações que faz com a língua
não causam mais efeito à poesia.

se rolar um sexo, se der uns meses
de enamoramento, saiba que não foi dos versos
nem das leituras de Murilo Mendes
foi talvez da voz, desejo dela ou do seu cheiro
talvez da oportunidade de só serem
o que toca ao outro e é tocado
mas nem pense que a causa foi o poema.
quando tudo acabar e ela jogar suas coisas
do lado de fora da porta porque é assim
que se varre a sujeira que está dentro
lembre-se de rasgar o poema e cremar
cada pedacinho. tenha certeza que após tudo
ele jamais lhe venha a causar problemas.

quero fazer um poema
dedicado a quem dirige
e conduz os outros na vida
ou apenas os carrega
a lugares que ignoram
como aquele homem sério
de relógio e de bigode
que há dez anos faz a linha
Ana Rosa-Campo Limpo
pensando que eu o faria
como o fez William Carlos
Williams
entre receitas de guaco
e reforços de vitamina
como se desse um trocado
dissesse apenas bom-dia
nessa linha indeclinável
Ana Rosa-Campo Limpo
apenas porque à mesa
na manhã da segunda-feira
cobrindo o pão com manteiga
me veio uma epifania
que segurei entre os dentes
quase escapou na porta
e resplandeceu na linha
Ana Rosa-Campo Limpo
quando subia os degraus
e vi ao volante o homem
e à frente a placa que dizia
de apenas o necessário
falar ao motorista.

não chegar ao fim do livro
deixá-lo aberto na escrivaninha
ou marcado na prateleira
e todo dia voltar a ele
abri-lo de novo no início
ou a frase de ontem relê-la
com medo que um dia termine
o mundo se a leitura colher
no impulso do entendimento
o sentido orgânico do último ponto.

ÍNDICE

Prefácio / Cristiane Rodrigues de Souza 11

Tópico 1 LEITURAS GREGAS
    "a poesia grega teve início" 21
    "Arquíloco escreve" 22
    "Tirteu coxeava por Esparta" 23
    "penso o poema agora para o dia seguinte..." 24
    "quando meus filhos ficarem" 25
    "ela era mais linda quando lia Homero." 26
    Obituário 27
    "moldei em argila" 28
    "começou criticando a mãe" 29
    O poeta épico 30

Tópico 2 ENSAIOS DE BIOGRAFIA
    "se ivo colhesse as uvas" 35
    "Machado viveu com Carolina" 36
    "Machado de Assis na praça" 39
    "em *Tempos Modernos*" 41
    "aos 15 anos Van Gogh" 42
    "Edgar Allan Poe" 44
    "escrever" 46

Tópico 3 DEBATES COM A MORTE
    O imortal 51
    "agradeço ao corpo" 52
    "já faz curva nossa vida" 54
    Da edição corrigida 55

"não podemos contra eles." 57
Juízo final 58
"o meu amigo morreu para provar-me" 59
"a minha amiga morreu" 60
"o primeiro de meus primos se foi" 61
"em um mundo normal" 62

Tópico 4 RELATÓRIOS DE CONTROLE
"eu quis desenhar seu púbis" 67
"amarre o mundo em sacolas" 69
"a voz que vai ao céu" 70
"ela queria cantar" 71
"no bar em que desci" 72
Leônidas 73
Do modo de habitar 74
Alegria 75
A artista 76
A botânica 77
O agente 78
"o ódio vive nas formas incorretas" 79
"compartilhei a foto de meus pés..." 80
"o menino disse que iria me bater" 81
A fábula de Néssus, segundo Von Martius 83
Epifania 86
"querido Mário," 87

Tópico 5: BILHETES AMOROSOS
"antes da tua boca" 93
"ela perdeu o seu amor porque ele foi" 95
"amar-te-ei como ao dia em que o zíper" 96
"eu lhe faria o verso, mas a preguiça" 97
"como se tivesse à mão" 98
"só a vergonha dignifica é o meu lema" 100
Inquérito da rima 101
Último beijo 102
Separar-se 103
Eféméride 104

"por mais que tente" 106
"meu exercício diário era preencher com palavras" 107
Salto 108
Nariz 109
Encontro 111
Pergunta ao poema amoroso 112
Epígrafe futura 113
"leia apenas que nessa primeira estrofe" 114

Tópico 6 COMENTÁRIOS INTRODUTÓRIOS
"como um verso que cavalga" 119
"tem dia que o verso me vem barroco" 120
"queria escrever um poema" 121
"busco o poema perfeito" 122
"poeta contrata uma musa" 123
"escrevo o poema a grafite" 124
"ó letras," 125
"quando fizer o poema a ela" 126
"quero fazer um poema" 127
"não chegar ao fim do livro" 128

COLEÇÃO POESIA ORIGINAL

Quadripartida	PATRÍCIA PINHEIRO
couraça	DIRCEU VILLA
Casca fina Casca grossa	LILIAN ESCOREL
Cartografia do abismo	RONALDO CAGIANO
Tangente do cobre	ALEXANDRE PILATI
Acontece no corpo	DANIELA ATHUIL
Quadripartida (2ª ed.)	PATRÍCIA PINHEIRO
na carcaça da cigarra	TATIANA ESKENAZI
asfalto	DIANA JUNKES
Na extrema curva	JOSÉ EDUARDO MENDONÇA
ciência nova	DIRCEU VILLA
eu falo	ALICE QUEIROZ
sob o sono dos séculos	MÁRCIO KETNER SGUASSÁBIA
Travessia por	FADUL M.
Caminhos de argila	MÁRCIO AHIMSA

© 2022 Sidnei Xavier dos Santos
Todos os direitos desta edição reservados à Laranja Original.

www.laranjaoriginal.com.br

Edição   Filipe Moreau
Projeto gráfico   Marcelo Girard
Produção executiva   Bruna Lima
Diagramação   IMG3

**Dados Internacionais de Catalogação na Publicação (CIP
(Câmara Brasileira do Livro, SP, Brasil)**

Santos, Sidnei Xavier dos
    Tópicos para colóquios íntimos / Sidnei Xavier dos Santos ; ilustrações Gisela Motta. -- 1. ed. -- São Paulo : Laranja Original, 2022. --
(Poesia original)

ISBN 978-65-86042-45-0

1. Poesia brasileira I. Motta, Gisela. II. Título III. Série.

22-120387   CDD-B869.1

Índices para catálogo sistemático:
1. Poesia : Literatura brasileira B869.1

Cibele Maria Dias - Bibliotecária - CRB-8/9427

Laranja Original Editora e Produtora Eireli
Rua Capote Valente, 1198
05409-003 São Paulo SP
Tel. 11 3062-3040
contato@laranjaoriginal.com.br

Papel Pólen Bold 90 g/m²/ *Impressão* Oficina Gráfica/ *Tiragem* 200 exemplares